Elisabeth Anzlinger

Stoffreste Schere und Fantasie

Brunnen-Reihe 56

Christophorus-Verlag
Freiburg

Zuvor

In vielen Haushalten gibt es eine Fülle von Stoffresten, die häufig jahrelang unbeachtet, in Schachteln verpackt, in einer finsteren Ecke liegen. Oft sind sogar wenig getragene Kleidungsstücke dabei, die allzu schnell altmodisch geworden, oder denen die Kinder entwachsen sind.
Von Zeit zu Zeit nimmt sie die Hausfrau heraus, erinnert sich wehmütig des einen oder anderen Kleides, das sie getragen hat, gibt frische Mottenkugeln dazu, wickelt sie in neues Zeitungspapier und trägt sie wieder auf den Speicher. Und dabei hat sie keine Ahnung, was für Schätze in ihrer Kiste schlummern. Ganz im Gegenteil: vielleicht ist sie noch ärgerlich über sich selbst, weil sie sich von dem „alten Plunder" nie trennen kann, obwohl er doch nur Platz versperrt! Sie hat ihn jahrelang aufbewahrt aufgrund einer unbestimmten Vorstellung, man könnte ihn eines Tages doch noch brauchen. Und man kann!

Tips für fantasiebegabte Frauen

Wer sich gerne mit Handarbeiten beschäftigt, kann selbst aus kleinsten Resten noch hübsche Gebrauchsgegenstände anfertigen, die sich auch als Geschenke vorzüglich eignen. Sie kosten nicht viel Geld, und der Beschenkte spürt die liebevolle Mühe und Wahl, die darin steckt. Solche Geschenke sind individuell und persönlich. Auch Frauen und Mädchen, die sich vor der eigentlichen Schneiderei scheuen, lernen das Nähen mit Stoffresten als eine amüsante Beschäftigung kennen. Ohne viel Vorkenntnisse entstehen dabei die hübschesten Dinge. Sogar einsame Stunden lassen sich mit solch einer Beschäftigung nutzbringend füllen.

Die Geschenkekiste ist eine nützliche Einrichtung

Auch ohne einen bestimmten Zweck kann man seine Freizeit damit ausfüllen, aus Stoffresten kleine hübsche Dinge zu nähen für unvorhergesehene Anlässe oder vergessene Feste, überraschende Einladungen, Kindergeburtstage, Namenstage von Freundinnen und vieles mehr.
Viele Gegenstände sind so vielseitig, daß man sie ebensogut einer Frau wie auch einem Mann schenken kann: die Pinnwand, der Wäsche- oder Stoffrestesack, die Serviette mit dazugehörender Tasche, die bezogene Blechbüchse, die Waschlappen, die Werkzeug- oder Schmucktasche. Und jede Frau wird sich über Topflappenhandschuhe, Nadelkissen, Watte- oder Kosmetikbeutel oder einen Schal freuen. Wer schon zeitig im Sommer mit dem Nähen anfängt – vielleicht auf dem Balkon in der Sonne sitzend, um braun zu werden –, hat zu Weihnachten eine gut gefüllte Geschenkekiste und braucht nach den Feiertagen nicht am Essen zu sparen, weil zuviel Geld für Weihnachtspräsente ausgegeben wurde.
Die folgenden kleinen Nähvorschläge sind eine gute Übung für Anfänger: geht etwas schief, ist es kein großer Schaden. Mit ihnen kann man sein nähtechnisches Selbstbewußtsein stärken und nach und nach dabei Erfahrungen sammeln, die dann bei der eigentlichen Näherei nützlich sind. Schon manche perfekte Amateurschneiderin hat auf diese Weise angefangen.

Das richtige Handwerkszeug

Ein geeigneter Arbeitsplatz und richtiges Handwerkszeug sind für jede Art von Näherei wichtig, ob Sie nun Stoffreste verarbeiten oder Kleider nähen. Natürlich brauchen Sie für das Anfertigen kleiner Gegenstände keinen riesigen Schneidertisch, nicht unbedingt einen Schneiderwinkel und auch kein Sortiment von Bügelutensilien. Die Arbeit macht jedoch viel mehr Spaß, wenn man sich bei wichtigen Arbeitsgängen nicht behelfen muß, sondern das richtige Werkzeug bei der Hand hat.

Hier ist eine Aufzählung der notwendigen Dinge, die Sie sich zurechtlegen oder kaufen sollten:

eine größere scharfe Schere zum Zuschneiden,
eine kleinere scharfe Schere zum Nachschneiden von Nähten und für die Nähmaschine,
Schneiderkreide zum Anzeichnen in drei Farben,
ein altes Messer oder einen Kreidespitzer zum Schärfen der Kreide,
ein Lineal oder einen Schneiderwinkel, damit die Linien gerade werden,
eine Dose Stecknadeln, in der nichts als Stecknadeln sein sollen,
mitteldicke lange Nähnadeln zum Heften,
dünne lange oder mittellange Nähnadeln zum Säumen und Nähen,
ein Maßband von 1 cm bis 150 cm,
weißen Heftfaden,
Nähseide in verschiedenen Farben,
einen Fingerhut, falls Sie damit arbeiten können,
ein Bügelbrett oder ein dickes Bügeltuch,
ein Ärmelbrett,
ein Dampfbügeleisen oder ein Haushaltsbügeleisen mit Bügeltuch und Wasserschüssel.

Außerdem ist es ratsam, sich einen kleinen Vorrat an buntem Schrägband, Litze oder Tresse zuzulegen, die man beim Nähen mit Stoffresten viel braucht.

Oft gelingt ein Stück nicht ganz nach Ihrer Vorstellung, es fehlt noch irgend etwas, um es attraktiv zu machen. Dann hilft Ihnen solches Zubehör: Beim Herumspielen und Ausprobieren mit farbigen Schleifen, Pompons, Stoffblumen, Wappen, hübschen Knöpfen, Perlen oder Flitterzeug entdecken Sie die verschiedensten Garnierungen. Am besten legen Sie sich eine kleine Schachtel zu, in der Sie solche „Schätze" sammeln.

Anfängertips für fachgerechtes Nähen

Stecken und Heften.

Als Vorbereitung für das Nähen mit der Maschine steckt und heftet man die einzelnen Phasen der Näharbeit. In vielen Fällen genügt auch das Stecken allein.
Wer die Stoffteile ganz unfixiert unter das Steppfüßchen legt, erspart keine Zeit, denn oft muß er nicht gelungene Nähte wieder auftrennen. Das kostet viel Mühe! Arbeitsgang um Arbeitsgang gut vorbereitet, erleichtert die Näherei und macht deshalb mehr Spaß.

Steppen und Absteppen.

Das Nähen mit der Maschine nennt man steppen. Wer noch wenig Erfahrung mit der Schneiderei hat, sollte erst ein bißchen üben, ehe er sich an die Ausführung von langen Nähten macht. Sie sind nämlich nur schön, wenn man sie kerzengerade steppt.
Viele Maschinenfüßchen schieben die oberste Stoffschicht vor sich her, dadurch werden Muster, die aufeinanderstimmen müssen, verschoben. Beim Steppen von Karo oder horizontalen Streifen steckt man deshalb möglichst viele Stecknadeln quer ein, die das Verrutschen verhindern. Heften allein ist dabei nicht genug. Die Nadeln kann man vorsichtig übernähen, muß jedoch hinterher die Maschinennadel prüfen und auswechseln, falls die Spitze nicht mehr einwandfrei ist. Bei normalen Stoffen genügt es, während des Steppens den Stoff mit einer Schere gegen das Füßchen zu schieben.
Stoffe, die sich sehr leicht verziehen oder verrutschen – zum Beispiel Chiffon –, oder Material, das von der Maschine nicht transportiert wird und „festklebt" – zum Beispiel Leder –, belegt man mit Seidenpapier, wenn nötig auf beiden Seiten. Später reißt man es wieder ab.
„Absteppen" nennt man das nochmalige Durchsteppen einer bereits fertigen Naht, das kann zur Fixierung oder zur Betonung gemacht werden. Am

einfachsten ist es, wenn Sie eine der äußeren Füßchenkanten der Maschine entlang der Stoffkante oder entlang der ersten Naht laufen lassen. Das ergibt eine korrekte Führung. Will man jedoch breiter absteppen, so mißt man den Abstand ab und bezeichnet ihn mit Kreide; oder man verwendet einen Kantenstepper, der zur Ausrüstung jeder Nähmaschine gehört.

Nähte versäubern.

Empfindliche Stoffe versäubert man prinzipiell von Hand mit einem Überwendlingstich, der ausnahmsweise von links nach rechts ausgeführt wird. Festere Stoffe und solche, die besonders dicht versäubert werden müssen – zum Beispiel Frotté –, kann man umkurbeln.

Richtiges Bügeln.

Nur Anfänger nähen ein Stück ganz fertig, bevor sie bügeln. Wer ein bißchen Übung hat, weiß, wie wichtig und nützlich ein Bügeleisen schon während der Arbeit ist. Jeder genähte Arbeitsgang wird in der Schneiderei auch sofort ausgebügelt, denn je weiter die Näherei fortgeschritten ist, desto schwieriger wird es, mit dem Eisen beizukommen.
Wenn Sie kein Dampfbügeleisen haben, so gehört ein feuchtes Tuch aus weißem Nessel, Leinen oder Linon zu Ihrer Ausrüstung. Mit seiner Hilfe erzeugt man den für fast alle Stoffe notwendigen Dampf und verhindert außerdem Glanz auf der Stoffoberseite. Nur feucht gebügelte Nähte bleiben auch wirklich liegen.
Weiß man nicht sicher, wieviel Hitze und Feuchtigkeit ein bestimmtes Material verträgt, so macht man zuvor ein Bügelprobe mit einem Stoffrest oder an einer unsichtbaren Stelle.

Nähte ansetzen.

Bei kleineren Resten muß man mitunter nicht erwünschte Ansatznähte machen. Das ist nicht tragisch, oft entstehen aus solch einer Notlösung hübsche Garnierungen, auf die man von selbst nie gekommen wäre. Es gibt eigentlich immer einen Weg: Wer ihn nicht findet, muß die Ursache bei sich, nicht in der Sache suchen.
Eine Lösung ist fast immer akzeptabel: Nähen Sie beim Steppen der Ansatznaht einen farblich abgestimmten Paspel mit, am einfachsten aus fertigem Baumwollschrägband vom Meter. Wenn Sie den Paspel außer an dieser Naht noch an einer anderen Stelle anbringen können, ist das Problem aufs beste gelöst.

Verarbeitung von Schaumgummi.

Wo immer es geht, nähen Sie dieses Material von Hand, denn es läßt sich, außer in Verbindung mit Stoff, so gut wie nicht steppen.
Mit Überwendlingstichen kann man es Kante an Kante zusammennähen, wenn man Konturnähte braucht, wie um Kaffeewärmer oder Topflappenhandschuh. Muß die Naht jedoch flach sein, so legt man beide Stücke nebeneinander und sticht von unten nach oben abwechselnd in die rechte und in die linke Seite. Auf diese Art bleiben die Kanten korrekt nebeneinander liegen und sind doch haltbar miteinander verbunden.
Muß Schaumgummi einmal mitgesteppt werden, so unterlegt man beide Seiten mit leichtem, gut rutschendem Stoff – zum Beispiel Taft – und heftet die Naht genau, ehe man sie unter die Maschine legt.
Schaumgummi soll möglichst nicht gebügelt werden. Man kann es zwar gut für Kaffeewärmer oder Topflappenhandschuhe verwenden, höhere Temperaturen und heißen Dampf verträgt es jedoch nicht.

Der Waschlappen

Materialverbrauch
Stoff: 17 × 23 cm (Blumenmuster)
18 × 21 cm (zweifarbig)
Nähseide
evtl. Aufhängerband

Ein Waschlappen ist in einer halben Stunde genäht. Es lohnt sich kaum, Frotté dafür zu kaufen, kann man aber Stoffreste verwenden, so ergibt das ein kleines, selbstgemachtes Geschenk, das auch Schulmädchen nacharbeiten können.

Material: Frotté ist sehr beliebt als Material, so daß sich in vielen Haushalten Reste von Frottékleidungsstücken oder ausrangierte Badesachen finden. Sparsame Hausfrauen verwenden sogar Anfang und Ende von durchgescheuerten Handtüchern noch.
Für einen Waschlappen genügen kleinste Stücke, wie der Vorschlag aus zwei Farben zeigt. Wider Erwarten stört die Naht beim Waschen überhaupt nicht.

Arbeitsanleitung: Nach Möglichkeit verwendet man als obere Kante einen Webrand des Stoffes, dann wird sie nicht so dick.
Wollen Sie einen Waschlappen mehrfarbig machen, so setzen Sie zunächst die Ansatznähte zusammen und steppen danach die untere und seitliche Naht. Alle Schnittkanten werden dicht umkurbelt.
Die obere Kante steppen Sie einmal, ohne Webkante zweimal um, dabei wird der Aufhänger gleich mitgefaßt. Er besteht aus einem Stück zusammengenähtem Schrägband oder Webkante; haben Sie beides nicht, so tut es auch ein schmaler Aufhänger aus Frotté.

Die Topflappenhandschuhe

Materialverbrauch pro Paar
Stoff: 35 × 80 cm
Futter: 35 × 80 cm
Schaumgummi: 35 × 80 cm
evtl. Baumwollschrägband: 2,5 cm
Nähseide

Zur Dekoration in der Küche sind Topflappenhandschuhe hübsch. Außerdem verbrennt man sich bestimmt nicht die Hände, wenn man mit ihnen einen heißen Topf anfaßt.

Material: Nehmen Sie für Innen- und Außenseite nur gut waschbaren Stoff, den Sie vor der Verarbeitung vorsichtshalber überbrühen, damit er später nicht eingeht. Er sollte kleingemustert und auch ein bißchen lustig in den Farben sein.
Als Einlage und Isolierschicht haben wir dünnes Schaumgummi genommen, das es in größeren Platten in jedem Kaufhaus oder in Schaumgummirestegeschäften zu kaufen gibt. Notfalls können Sie auch Schulterwatte aus dem Schneiderbedarfsgeschäft verwenden.
Haben Sie genügend Stoff, so können Futter und Außenseite gleich sein, andernfalls verwenden Sie innen eine Farbe, die gut zum Oberstoff paßt.

Arbeitsanleitung: Legen Sie Ihre Hand auf ein Stück Papier und zeichnen Sie den Umriß mit viel Spielraum auf. Vergleichen Sie die Form mit unserem Schema und korrigieren Sie, wo es notwendig ist. Der Bogen zwischen Daumen und übriger Hand darf nicht zu eng sein, sonst ist der Handschuh schwierig zu nähen.

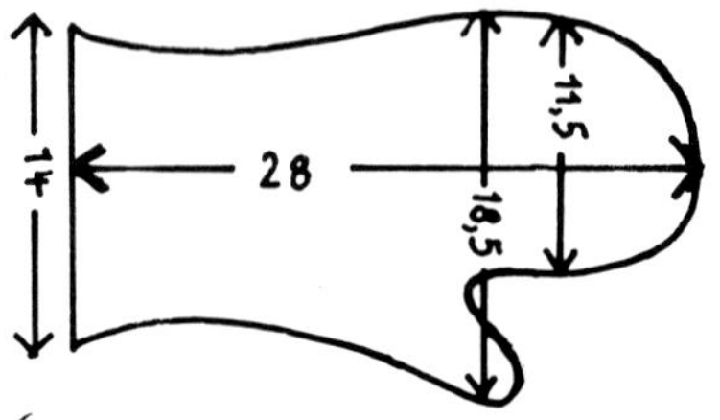

Der Handschuh mit Naht

Für ihn schneiden Sie nun nach dem Schema: 4 × den Oberstoff mit einer Nahtzugabe von 1/2 cm und einer Saumzugabe von 2 cm; 4 × das Futter mit einer Nahtzugabe von 2–3 mm und einem Saum von 1 cm; 4 × das Schaumgummi ohne Zugabe.
Sowohl Oberstoff als auch Futter steppen Sie entlang ihren Konturen ohne den Saum zu, zwicken die Nahtzugaben bis zur Stepplinie ein, besonders zwischen Zeigefinger und Daumen. Dann wenden Sie den Handschuh und bügeln beide Schichten gut aus. Das Schaumgummi wird mit Überwendlingstichen Kante an Kante von Hand zusammengenäht. Schieben Sie alle drei Teile ineinander – das Futter mit der linken Seite nach außen –, und heften Sie in Knöchelhöhe einmal durch.
Den Saum schlagen Sie ein und nähen ihn auf dem Schaumgummi fest. Bevor Sie das Futter eingeschlagen etwas oberhalb der Kante festnähen, schieben Sie als Aufhänger ein zusammengesteptes Stückchen Stoff ein. Um den Aufhänger möglichst haltbar zu befestigen, steppen Sie die Kante füßchenbreit ab.

Der eingefaßte Handschuh

Alle drei Schichten werden hierbei ohne Nahtzugabe zugeschnitten, gleich zu Anfang in der richtigen Reihenfolge aufeinandergesteckt, ringsum geheftet und ganz schmal vom Saum über die Handkontur weg bis wieder zum Saum zusammengesteppt. Alle Schnittkanten sind also noch offen. Die Außenkante der Hand wird danach mit einem Schrägstreifen vom Meter ringsum eingefaßt: Sie stecken und steppen ihn auf einer Seite an, seine Gegenseite schlagen Sie ein und nähen sie von Hand mit kaum sichtbaren Stichen fest. Der Paspel sollte möglichst gleichmäßig breit sein, jede Unebenheit fällt sehr ins Auge.
Ehe Sie die Handgelenkkante genau so paspelieren, schieben Sie den Aufhänger ein und fassen ihn mit: er ist ebenfalls aus dem Schrägband, das man zweimal gegeneinander eingeschlagen und abgesteppt hat. Schaumgummi verträgt keine allzu große Hitze, deshalb sollte das abschließende Bügeln lieber wegfallen.

Die Schuhspanner (Abb. Seite 16)

Materialverbrauch
Stoff oder Filz: 25 × 30 cm
Füllung, Nähseide
2 Vorhangringchen

Selbst kleinste Reste aus Stoff oder Filz lassen sich für diese Schuhspanner verwenden, die für Herren-, Damen- und sogar Kinderschuhe geeignet sind.

Material: Sie können dafür jeden Stoff, auch Filz, den es in besonders hübschen Farben zu kaufen gibt, verwenden, außer dicken oder stark fransenden Geweben. Als Füllung nehmen Sie Verbands- oder Schulterpolsterwatte, die von Schneiderartikelgeschäften geführt wird. Notfalls können Sie die Schuhspanner auch mit Kapok oder Schaumgummischnipseln stopfen. Als Ziehring haben wir Vorhangringe angenäht. Sie können statt dieser aber auch Schlaufen aus demselben Stoff oder aus farblich passendem Band nehmen.

Arbeitsanleitung: Machen Sie ein Schema aus Papier, das Sie einmal gefaltet ausschneiden, damit beide Seiten gleich werden. Passen Sie es möglichst etwas der Schuhform an: für Herrenschuhe soll es breiter, für Damenschuhe zierlicher sein. Danach wird der Stoff mit schmalen Nahtzugaben viermal zugeschnitten. Je zwei Teile stecken und steppen Sie zusammen, ein kleiner Wendeschlitz bleibt dabei offen.

Die Nahtzugaben schneiden Sie entlang den Rundungen bis knapp an die Steppnaht heran ein und wenden die Stoffteile. Schieben Sie die Füllung mit Hilfe einer vorne abgerundeten Schere oder eines Bleistiftes ein und drücken sie gut in die äußeren Partien. Das Kissen muß prall gefüllt sein, damit es die Schuhe später auch wirklich spannt.
So unsichtbar wie möglich nähen Sie nun den Wendeschlitz von Hand zu und befestigen danach mit ein paar Stichen die Ziehringe. Durch ungleichmäßiges Füllen entstandene Beulen lassen sich leicht durch Drücken ausgleichen.

Das Badetuch

Materialverbrauch
Frotté: 120 × 90 cm, Nähseide

Wenn man baden geht, ist es oft ein Problem, wo man die vielen notwendigen Kleinigkeiten verstaut: Sonnenbrille, Geld, Sonnenöl, Buch, Kamm, Uhr und vieles mehr. Ein Badetuch mit Taschen ist dafür eine gute Lösung, darin läßt sich alles sicher und übersichtlich unterbringen. Wenn man ins Wasser geht, klappt man mit einem Handgriff die eine Hälfte über die andere.

An einem großen Stück Frotté schlagen Sie alle Schnittkanten breit ein und nähen sie mit der Maschine fest. Dann klappen Sie das Tuch 22 cm hoch um. Die Taschen zeichnet man mit Kreide an und steppt sie dann fest.

Das Schaumgummikissen

Materialverbrauch
Stoff: 40 × 50 cm
Schaumgummi: 20 × 36 × 2,5 cm, Nähseide

Es sollte nicht zu dick sein, sonst ist es etwas unhandlich zu transportieren. Dieses hier ist aus 2,5 cm dickem Schaumgummi. Falls Sie die richtige Stärke nicht bekommen, können Sie auch mehrere dünnere Schichten von Hand mit ein paar Stichen aufeinandernähen.
Um den Stoffverbrauch zu errechnen, müssen Sie Höhe und Breite des Kissens und die Höhe der Schnittkanten messen.
Legen Sie den Bezug doppelt rechts auf rechts und steppen Sie zwei Seiten zu. Eine Seite liegt im Stoffbruch, eine Schmalseite bleibt zum Einschieben des Kissens in der Mitte ein großes Stück offen.
Provisorisch schieben Sie dann das Schaumgummi in den Bezug, dessen linke Seite nach außen liegt. Die Zipfel stecken Sie entlang der Kissenkontur in einer Höhe von 2,5 cm ab, nehmen das Kissen heraus und steppen die gesteckte Linie nach.

Ehe Sie die Frotté-hülle wenden, müssen alle Nahtzugaben dicht umkurbelt werden. Nach dem Ausbügeln kann die Füllung eingeschoben und der Schlitz von Hand zugenäht werden.

Der Watte- oder Kosmetikbeutel

Materialverbrauch
Stoff: 30 × 60 cm
steifes Vlieseline: 12 × 20 cm
ein Plastikbeutel
ein Band zum Durchziehen
Nähseide

Einen Wattebeutel muß man nicht unbedingt haben, aber man benutzt ihn trotzdem gerne. Er ist vor allem auch eine hübsche Dekoration für ein ohnehin meist recht nüchternes Badezimmer. Damit man ihn zur Entnahme von Watte nicht immer abhängen oder aufziehen muß, hat er ein Loch in seinem Boden, durch das sich die Watte bequem herausziehen läßt. Der Wattebeutel ist ohne dieses Loch als „Kulturbeutel" zu verwenden: für Lockenwickler und Schminkutensilien, auf Reisen für Zahnbürste, Waschlappen und Kosmetikartikel.

Material: Jeder nicht zu dicke Stoff eignet sich dafür, allerdings sollte er praktisch im Gebrauch sein: Cordsamt, Baumwolldrucke, Leinen oder Frotté sind strapazierfähig und außerdem hübsch. Als Einlage nehmen Sie einen Plastikbeutel, den Sie gut säubern sollten, falls er nicht ganz neu ist. Mit einem Stückchen sehr steifem Vlieseline versteifen Sie den Boden, damit der Beutel eine gute Standfläche hat.

Arbeitsanleitung: Der Hauptteil des Beutels ist ein gerader Streifen Stoff von 26 × 32 cm, der in derselben Größe mit Plastik belegt und dessen eine Seite durch Plastik und Stoff hindurch mit einer normalen Naht geschlossen wird. Die Schnittkanten müssen dicht umkurbelt oder eingefaßt werden, damit der Stoff nicht ausfranst und die Flusen dadurch unter die Watte geraten.

Die obere Kante schlagen Sie erst schmal, dann 2 cm breit ein und steppen sie als Saum fest. Die Längsnaht wird später wieder ein Stückchen aufgetrennt. Genau gegenüberliegend auf der Innenseite des Saumes schneiden Sie ein Schlitzchen ein und umstechen es mit Knopflochstich. Durch diese beiden Öffnungen ziehen Sie von beiden Seiten je ein Bändchen. Sie werden aus Schrägstreifen vom Meter gearbeitet: beide Kanten schlagen Sie schmal ein, bügeln die Streifen doppelt um und steppen sie durch. Die Enden nähen Sie von Hand übereinander und ziehen sie in den Saum hinein, damit man sie nicht sieht.

Den Boden schneiden Sie vierfach zusammengefaltet, damit die Rundungen gleichmäßig werden. Passen Sie ihn ein, und schneiden Sie ihn bei Bedarf noch nach, falls sein Umfang größer ist als die untere Schnittkante des Beutels. Tun Sie das aber sehr vorsichtig, denn schon das Wegnehmen von einigen Millimetern verringert den Umfang um mehr, als Sie vermutlich denken. Haben Sie wenig Stoff zur Verfügung, so machen Sie sich einen Schnitt aus Papier, ehe Sie den Beutel zuschneiden.

Der Boden besteht aus drei gleichgroßen Schichten, die zusammengeheftet werden: Oberstoff, Einlage und Plastik. Stecken Sie, mit der rechten Stoffseite auf die rechte Stoffseite des Bodens, einen kleinen Rest an und zeichnen Sie mit Hilfe eines Zweimark- oder Fünfmarkstückes einen Kreis darauf. Steppen Sie entlang dieser Linie, und schneiden Sie das Innere des Kreises bis auf schmale Nahtbreite heraus. Dann müssen Sie mehrmals bis genau zur Steppnaht einzwicken und den Fleck auf die Innenseite ziehen. Dort wird er gleichmäßig rund abgeschnitten und dicht aufgekurbelt.

Rechts auf rechts liegend setzen Sie nun Boden und Oberteil mit einer schmalen Naht zusammen, die ebenfalls dicht umkurbelt werden soll.

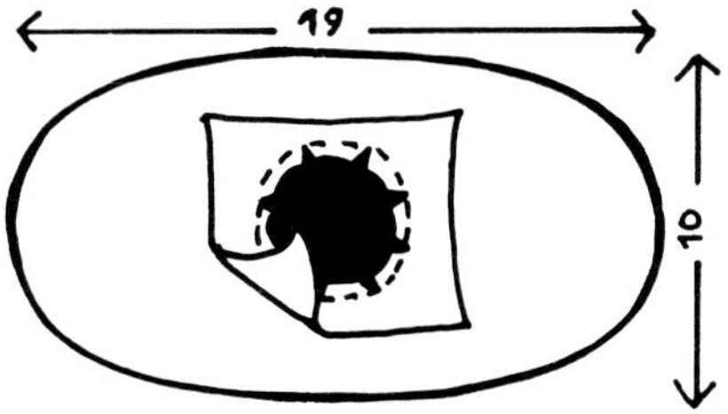

Der Bilderrahmen

Materialverbrauch
Filz: 2 × gewünschtes Format
Aufbügelvlieseline 1 × gewünschtes Format
Nähseide
Pappe und UHU

Ganz einfach und mit wenig Zeit lassen sich für Fotos kleine Filzrahmen nähen, die man je nach Geschmack und Fingerfertigkeit durch Ornamente oder Blenden hübsch verzieren kann. Besonders ein eigenes Foto, das man Verwandten oder Freunden schenken möchte, wird dadurch persönlicher und wertvoller.

Material: Nehmen Sie dickeren Filz, damit sich der Rahmen nicht so leicht verziehen kann. Zur Versteifung der Oberseite und um den Ausschnittkanten Halt zu geben, kaufen Sie Aufbügelvlieseline. Auch normales Vlieseline ist dafür geeignet, wenn Sie es beim Steppen mitfassen und außerdem einmal knapp um den Bildausschnitt herum feststeppen.
Der Karton, der zum Schluß eingeschoben wird, hat Form und Maße des fertigen Rahmens und sollte ziemlich steif sein.

Arbeitsanleitung: Probieren Sie die Größe des Rahmens mit Hilfe des dafür vorgesehenen Fotos aus, und schneiden Sie den Filz doppelt so groß oder zweimal zu.

Auf die linke Seite der oberen Schicht bügeln Sie Vlieseline, wobei Sie sehr darauf achten müssen: *Filz sollte nur trocken gebügelt werden,* sonst schrumpft und verformt er sich hoffnungslos! Er läßt sich mit Dampf wieder ziehen, aber Sie werden keine korrekt rechteckige Form mehr zustande bringen.

Erst jetzt zeichnen Sie die Schnittkanten winkelgerade an und schneiden sie nach. Der Bildausschnitt wird auf dem Vlieseline genau abgemessen, mit einem Winkel angezeichnet und ausgeschnitten.

Die obere Kante der Vorderseite steppen Sie der optischen Wirkung wegen schmal und alleine für sich ab, denn oben muß der Rahmen zum Einschieben des Kartons offen bleiben. Blenden oder Ornamente, die Sie aufnähen wollen, werden nun aufgearbeitet. Jetzt legen Sie den Rahmen doppelt und heften entlang seinen Schnittkanten durch. Beide Seiten und die untere Kante mit der Maschine nähen.
Bügeln müssen Sie trocken und sehr vorsichtig. Komplizierte Ornamente, die sich ihrer Rundungen wegen schlecht aufsteppen lassen, können Sie ganz behutsam mit „Viledon M“ aufbügeln, das man an sich zum Fixieren von Säumen benutzt. Es wird als Band in Plastikbeuteln von Kurzwarengeschäften verkauft. Der Dampf darf dabei nur das Ornament, nicht aber die ganze Fläche treffen. Zur Sicherung decken Sie die Umgebung mit dickem Stoff ab.
In der Form des fertigen Rahmens schneiden Sie ein Stück Karton zu und runden die unteren Ecken leicht ab, damit er sich besser einschieben läßt. Er dient zur Versteifung, und auf ihm wird das Foto an seinen beiden oberen Ecken festgeklebt, damit es nicht verrutschen kann. Soll das Bild einmal ausgewechselt werden, so löst man es ab und klebt ein anderes auf.
Etwa 1 cm unterhalb der oberen Kante wird auf der Rückseite ein kleiner Garnriegel als Aufhänger angebracht. Unterlegen Sie ein Filzstückchen, spannen Sie zweimal einen doppelten Faden und umnähen Sie ihn mit Knopflochstichen.
Eventuell muß die obere Kante der Rückseite noch etwas nachgeschnitten werden, damit sie beim Hängen nicht vorschaut. Um das zu vermeiden, kann man die beiden Schichten der oberen Kante auch von Hand mit ganz leichten Stichen über dem Karton so zusammennähen, daß von rechts nichts sichtbar ist.

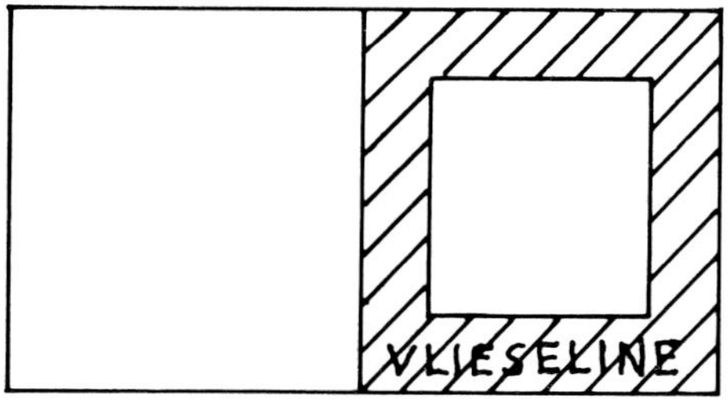

Das Nadelkissen (Abb. Seite 17)

Materialverbrauch
Stoff 15 × 15 cm
Füllung
Nähseide

Ein Nadelkissen benutzt auch die Frau, die nur gelegentlich das Notwendigste näht. Es ist deshalb stets ein kleines, aber willkommenes Geschenk, über das sich jedes weibliche Wesen freut.

Material: Selbst aus winzigen Stoff- oder Filzschnipfeln lassen sich reizende Nadelkissen machen, die weder Geld noch viel Zeit erfordern. Sogar Ansatznähte wirken noch hübsch, wenn man sie bei Stoff mit einem Paspel garniert.
Für die Füllung eignet sich verschiedenes Material: Verbandswatte, Schulterpolsterwatte, Putzwolle, Kapok, Schaumgummischnipsel oder zusammengenähte Schaumgummischichten. Am besten probieren Sie aus, was sich für Ihren Stoff eignet.

Arbeitsanleitung: Aus Stoff schneiden Sie den Kissenbezug doppelt und steppen ringsum die Naht bis auf einen kleinen Schlitz zum Wenden zu. Bei eckigen Formen schrägen Sie die Nahtzugaben an den Ecken ab, bei runden schneiden Sie aus den Nahtzugaben kleine Keilchen heraus. Nur so kann sich die Naht später gut legen und wird wirklich rund.
Bei *Filz,* der ja nicht franst, stecken Sie beide Schichten aufeinander und steppen sie mit offenen Kanten schmal zusammen. Auch hier bleibt ein kleiner Schlitz offen.
Durch ihn stopfen Sie soviel Füllung, bis das Kissen ganz prall geworden ist, damit die Nadeln auch wirklich stecken bleiben.
Wollen Sie einen Aufhänger einarbeiten, so wird er in den Wendeschlitz geschoben, bevor Sie diesen von Hand zunähen: genau wie die Naht bei Stoff mit eingeschlagenen Schnittkanten, bei Filz offenkantig.
Frauen, die nicht abergläubisch sind, können das Nadelkissen mit bunten Stecknadeln gespickt verschenken.

Serviette mit Serviettentasche

Materialverbrauch
Stoff: 50 × 90 cm
Filzfleckchen, Nähseide

Serviettentaschen wurden früher oft in Handarbeit mit zahllosen Kreuzstichen, Stilstichen und ähnlichem garniert. Das entspricht nicht jedem Geschmack und ist auch nicht besonders praktisch. Besser ist eine schlichte Tasche, die leicht zu waschen und zu bügeln sein soll.

Material: Alle kochbaren oder zumindest leicht waschbaren, dünnen Baumwollstoffe oder feines Leinen. Das Muster sollte nicht zu groß und nicht zu bunt, die Farben nicht zu dunkel sein.

Serviette

Aus einem halben Meter buntem Baumwollstoff nähen wir zunächst eine Serviette, die 50 × 50 cm geschnitten und ringsum mit der Maschine schmal gesäumt wird. Sie ist groß und schützt den Rock beim Essen besonders gut.

Serviettentasche

Der verbliebene Rest wird doppelt gelegt, an zwei Seiten zugesteppt und dicht umkurbelt. Eine Seite der Tasche liegt im Stoffbruch. Wollen Sie die Nähte ganz besonders haltbar machen, so können Sie auch eine Rechts-links-Naht abnähen. Die obere Kante wird zweimal eingeschlagen und 1 cm breit umgesteppt.
Statt der sonst üblichen Klappe schlagen Sie hier einfach den oberen Teil der ganzen Serviettentasche doppelt um. Als Garnierung schlagen wir Ihnen kleine Filzblümchen vor, die nur ausgeschnitten und mit einem kleinen flachen Druckknopf auf der Oberseite befestigt werden. Vor dem Waschen nimmt man sie ab. Auch bunte Borten ergeben einen hübschen Effekt; sie werden vor dem Schließen der seitlichen Naht schmal aufgesteppt.

Gefallen Ihnen weder Borten noch Filzblümchen, so sticken Sie mit buntem Baumwollgarn die Anfangsbuchstaben vom Namen des Empfängers in die rechte untere Ecke der Serviettentasche.
Die Blume für die Garnierung ist in Originalgröße aufgezeichnet. Doppeln Sie das abgebildete Schema entlang der Mittellinie und pausen Sie es mit Detailpapier durch. Dann stecken Sie es auf Filz und schneiden beides zusammen aus.

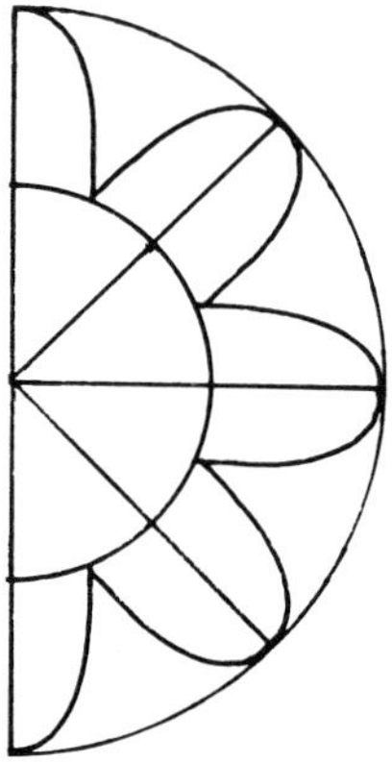

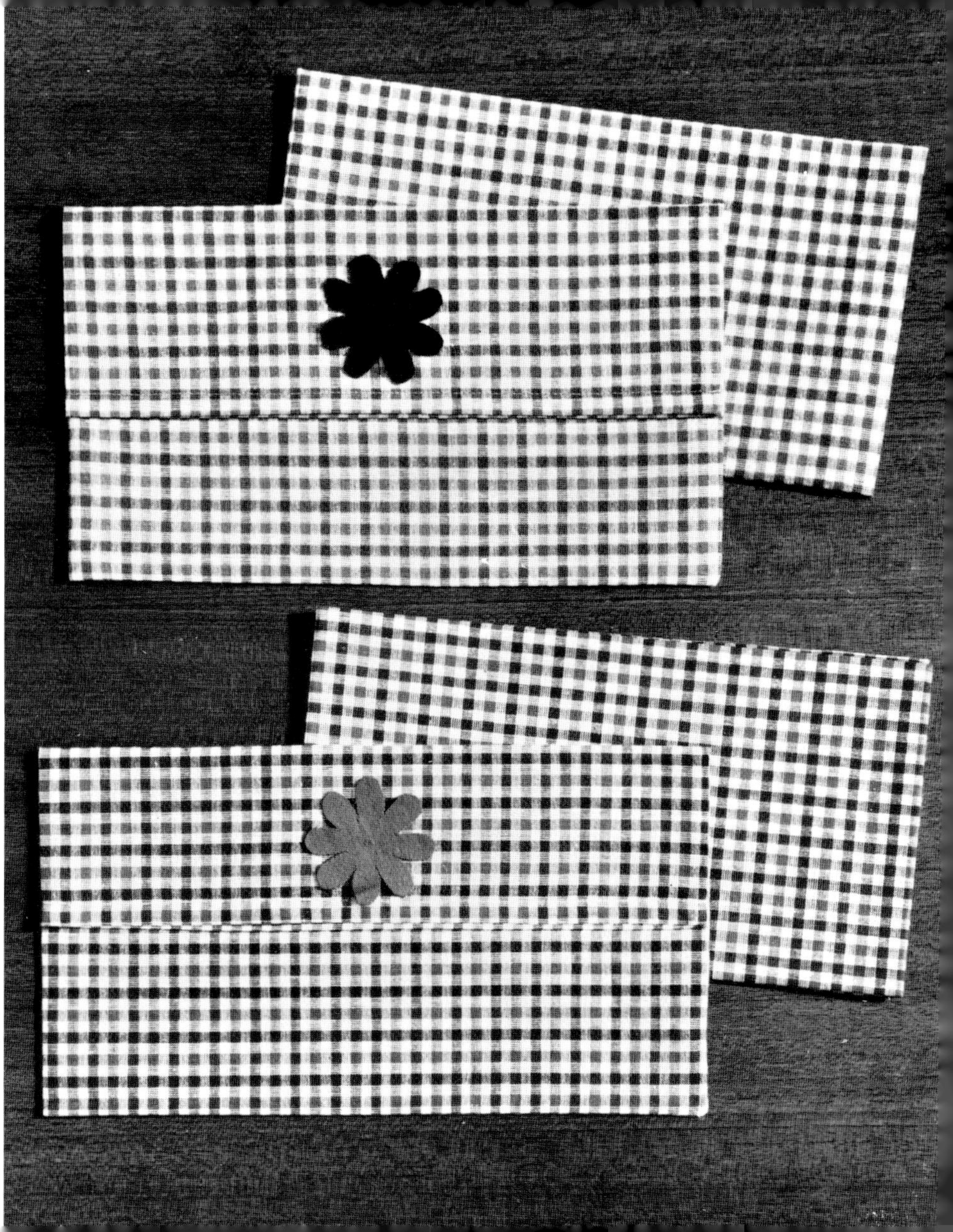

Die bezogene Dose

Materialverbrauch
1 mittelgroße oder große Dose
Stoff je nach Größe der Dose (hier 35 × 80 cm)
Nähseide
Tesafilm oder UHU

Bunte Dosen kann man nie genug haben, denn es gibt hunderterlei Dinge, die man darin unterbringen kann: Wattebällchen, Wollreste, einen Wollknäuel beim Stricken, Pinsel, Bleistifte, Kugelschreiber, Papierschere, Nähzeug, Knöpfe, Kosmetikartikel, Modeschmuck, Papierabfall oder Abfall von der Näherei. Selbst eine häßliche Vase mit Blumen läßt sich mit einer hübschen Dose kaschieren.

Material: Man kann Dosen beliebiger Größe verarbeiten, ihr Format hängt ganz vom Verwendungszweck ab. Sehr geeignet sind Keksdosen, die sich auch gut beziehen lassen. Für das hier abgebildete Beispiel wurde als Bezug reine Seide verwendet, es kann aber auch ein anderer Stoff sein, sofern er nicht zu dick für diesen Zweck ist. Besonders leicht läßt sich dehnbares Material wie Jersey verarbeiten.

Arbeitsanleitung: Ihr Stoffstreifen soll zweimal die Höhe der Dose + 2 cm × den Umfang der Dose + 2 cm haben. Außerdem brauchen Sie zwei kreisrunde Stücke für den äußeren und inneren Boden. Um sie zu schneiden, stellen Sie die Büchse auf den Stoff und kreiden die Kontur nach. Beim Ausschneiden nicht vergessen: ringsum ½ cm Naht stehen lassen. Ist der Stoff knapp, so können Sie den Bezug auf der Innenseite der Dose oder direkt entlang der oberen Kante ansetzen. Diese Nähte machen Sie dann zuerst. Für den äußeren Boden läßt sich auch gut ein anderes Material verwenden.
Die Längsnaht des Bezugs muß so abgenäht werden, daß er innen etwas enger wird: am oberen Rand bekommt die Stepplinie deshalb einen leichten Knick (s. Zeichnung). Dann wird der innere Boden rechts auf rechts liegend eingesteckt und mit normaler Naht eingesetzt. In diesem Stadium wird der Bezug „anprobiert" und nötigenfalls korrigiert. Er soll so stramm wie möglich sitzen, ohne dabei das Stoffmuster zu verziehen. Den fertigen Stoffbezug bügeln Sie aus, ehe man ihn endgültig über die Dose zieht. Was am unteren Ende an Stoff übersteht, wird nahtbreit abgeschnitten und am Boden festgeklebt. Die Nahtzugabe legen Sie dabei in Fältchen oder zwicken sie mehrmals ein und schieben den Stoff übereinander. Zum Kleben benutzt man Tesafilm oder UHU. Abschließend bügeln Sie nun die Schnittkanten des runden Bodenbezugs nahtbreit um, stecken ihn entlang der Kante fest und nähen ihn mit kleinen Stichen von Hand dort an.
Für Anfänger ist es einfacher, wenn sie als äußeren Boden ein Stückchen Filz verwenden, das man offenkantig aufkleben kann. Auch aus Stoffersparnisgründen ist diese Verarbeitungsweise zu empfehlen.

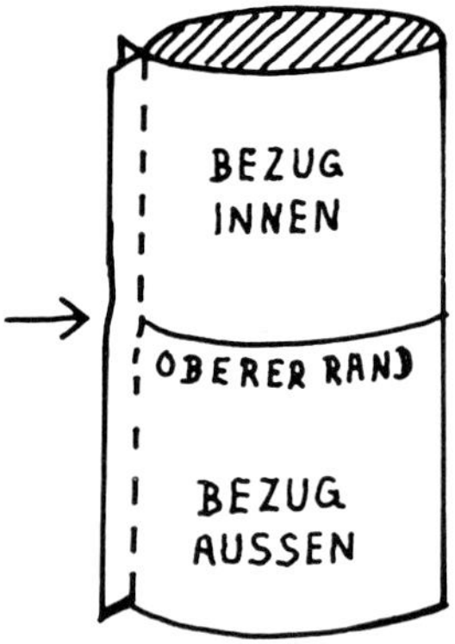

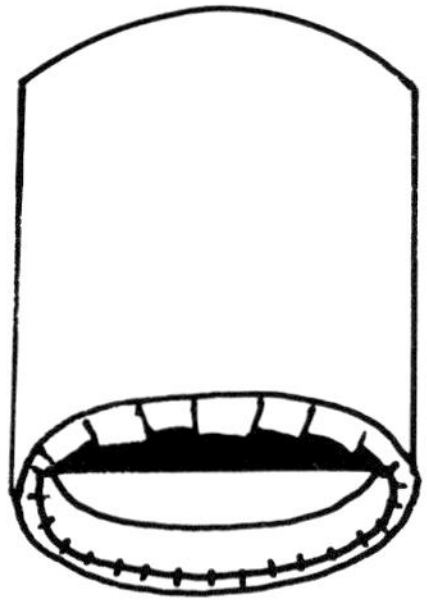

Die Schmucktasche

Materialverbrauch
Stoff 50 × 90 cm, Nähseide

Modeschmuck möchte man auch auf Reisen sorgfältig aufheben, aber ein Schmuckkästchen ist meist zu schwer oder nimmt im Koffer zuviel Platz weg. Für solche Fälle ist eine kleine Schmucktasche richtig.

Material: Der Stoff dafür sollte etwas flauschig und weich sein, er kann ja mit leichtem Vlieseline versteift werden. Samt, Duvetine, Flanell kommen dafür in Frage; auch Filz, der aber ohne Nahtzugaben verarbeitet werden muß.

Arbeitsanleitung: Schneiden Sie ein Rechteck mit den Maßen 50 × 62 cm, und legen Sie es doppelt zu 50 × 31 cm. Steppen Sie von links seine drei offenen Seiten bis auf einen kleinen Schlitz zum Wenden zu. Schneiden Sie die Nahtzugaben in den Ecken so weit wie möglich heraus, drehen Sie den Beutel auf die rechte Seite und schließen Sie den Wendeschlitz von Hand. Bügeln Sie die Nähte gut aus.
Den unteren Teil klappen Sie nun 14 cm hoch um und stecken oder heften ihn fest. Je nach Verwendungszweck teilt man die einzelnen Fächer ein, sie werden mit Kreide angezeichnet und mit der Maschine abgenäht. Das Fach ganz links wird oben ge-

schlossen und bekommt einen seitlichen Reißverschluß; in ihm werden später Ringe aufbewahrt. Für das Bindeband bügeln Sie einen 3 cm breiten Streifen an seinen Schnittkanten nahtbreit um, legen ihn doppelt und steppen ihn ringsum ab. Er wird unter die rechte Schmalseite der Tasche gelegt, ehe man diese zusteppt, oder ganz zum Schluß an dieser Stelle festgenäht.
Damit alle Kanten flach liegenbleiben, wird abschließend auch die obere Hälfte des Täschchens schmal abgesteppt und danach alles gut ausgebügelt. Haben Sie die Schmucktasche aus Samt gearbeitet, so bügeln Sie nur dort, wo es unbedingt notwendig ist. Dazu legen Sie die rechte Seite des Stoffes auf die Borsten einer harten Bürste, damit die Härchen nicht plattgedrückt werden können. Dann bügeln Sie von links mit feuchtem Tuch vorsichtig über die betreffende Stelle.

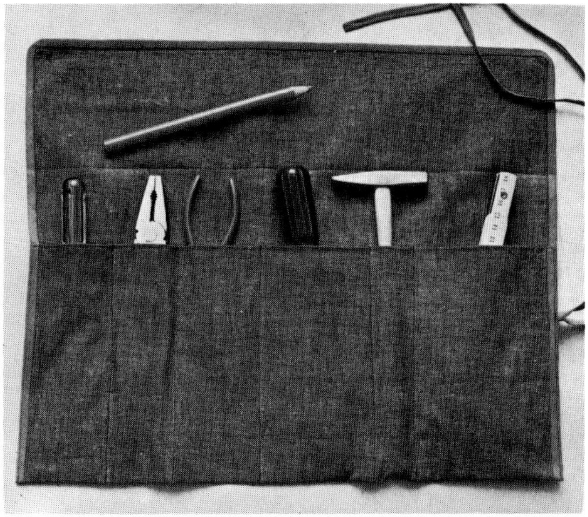

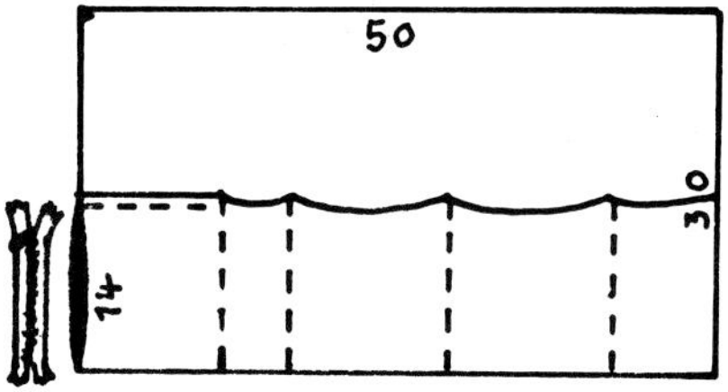

Die Werkzeugtasche

Materialverbrauch
Stoff: 40 × 105 cm
Aufbügelvlieseline: 45 × 55 cm
Baumwollschrägstreifen: 1,20 m, Nähseide

Sie wird etwas kürzer, dafür aber höher als die Schmucktasche geschnitten, denn Schraubenschlüssel, Schraubenzieher und Kombizange sollen genügend Platz darin haben.

Material: Nehmen Sie dafür derben, nicht zu empfindlichen waschbaren Stoff, und übergießen Sie ihn vor dem Zuschneiden mit heißem Wasser. Dann geht er später nicht mehr ein. Denim – aus dem Bluejeans gemacht werden –, Segeltuch, Liegestuhlbezugstoff, Leinen und alle robusten Baumwollstoffe eignen sich gut für diese Tasche.

Arbeitsanleitung: Wie schon bei der Schmucktasche legen Sie den Stoff doppelt und bügeln diesmal der Stabilität wegen auf die Hälfte der Innenseite Aufbügelvlieseline. Dadurch bekommt die Tasche mehr Halt. Dann schlagen Sie die untere Hälfte 19–20 cm breit um und teilen die Fächer ein, die erst mit Kreide bezeichnet und dann mit der Maschine abgenäht werden.

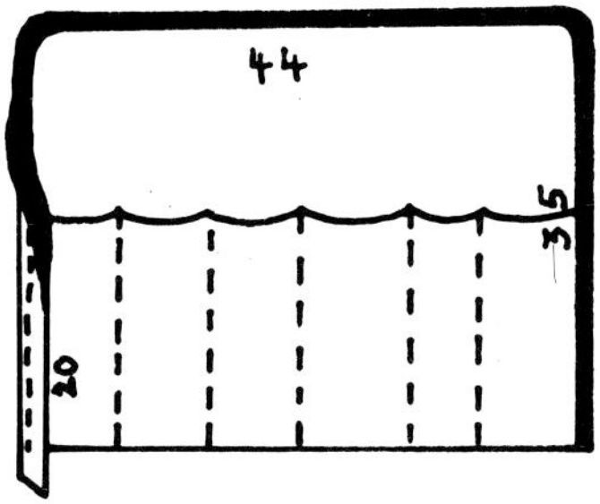

Mit einem fertig gekauften Schrägstreifen aus Baumwolle in passender Farbe fassen Sie nun die Werkzeugtasche an drei Seiten ein: Der Streifen wird dabei etwas zurückliegend auf die Kante geheftet, so daß seine Nahtzugabe um einige Millimeter schmaler ist, und gleichmäßig breit angesteppt. Wenn Sie das Füßchen Ihrer Maschine mit der Schnittkante des Stoffes abschließen lassen, haben Sie eine gute Führung. Die Ecken der Kappe runden Sie zuvor etwas ab, dann ist das Anbringen des Schrägstreifens leichter. Die Gegenseite der angesteppten Einfassung schlägt man ein und näht sie entlang der Stepplinie von Hand fest. Die Stiche sollen dabei möglichst wenig sichtbar sein. Zum Schluß arbeiten Sie das Band: Es wird ebenfalls aus dem Schrägstreifen genäht und ist etwa 1 m lang. Bügeln Sie seine Schnittkanten auf allen Seiten schmal um und steppen Sie ihn doppelt zusammen. Anfänger stecken oder heften sich diese Arbeit, ehe sie mit der Maschine nähen. Sie können das fertige Band entweder von Hand oder mit einigen Steppstichen befestigen.

Die Buchhülle

Materialverbrauch
Höhe des Buches + 4 cm Saum × Umfang des Buches + 22 cm Einschlag
Aufbügelvlieseline in Höhe und Umfang des Buches für Stoff
Nähseide

Unansehnlich gewordenen Büchern kann man mit einer Buchhülle wieder ein hübsches Aussehen geben. Oder: In einer sorgfältig eingerichteten Wohnung kann ein Telephonbuch die farbliche Harmonie stören, weil sein Einband zwar zweckmäßig, aber nicht gerade schön ist. Auch hier ist ein passender Bezug praktisch und hübsch.
Vielleicht kaufen Sie auch ein interessantes Taschenbuch als Gastgeschenk und werten es durch einen ansprechenden Einband auf. Es wird dadurch persönlicher und wertvoller. Diese zusätzliche Arbeit kostet Sie nur etwa eine halbe Stunde Zeit.

Material: Jedes dünnere, nach Möglichkeit steife Material ist dafür geeignet. Gut, wenn es außerdem auch waschbar ist. Die hier gezeigten Beispiele sind aus Cordsamt (S. 23) und Filz (S. 12); er ist für diesen Zweck ideal. Da der Deckel von Telefonbüchern und Taschenausgaben weich ist, versteifen wir den Stoffbezug dafür mit Aufbügelvlieseline. Es wird ohne Saum und ohne Einschlag gerechnet, und nur von Deckelkante zu Deckelkante eingearbeitet. Für Bücher mit steifem Einband ist das natürlich nicht nötig.

Arbeitsanleitung für Stoff: Stoffverbrauch und Format des Bezugs hängen von Umfang und Größe des Buches ab. Sie müssen seine Breite von der einen Deckelkante über seinen Rücken hinweg bis zur anderen Deckelkante ausmessen und dann zweimal 11 cm für den Umschlag rechnen. Oben und unten geben Sie außerdem 2 cm Saum zu.
Umkurbeln Sie die Schmalkanten und steppen Sie sie um. Sie liegen später innen auf Deckel und Rücken des Buches. Dann klappen Sie beide Einschläge je 10,5 cm nach außen, so daß der Stoff rechts auf rechts liegt, und nähen oben und unten je 2 cm breit ab. In derselben Breite werden die Kanten gesäumt: einmal schmal und einmal breiter eingeschlagen und mit der Maschine festgenäht. Naht und Kante müssen dabei eine gerade Linie bilden.
Der Bezug soll stramm sitzen, muß aber soviel Spielraum haben, daß er den Deckel nicht hochzieht. Eine „Anprobe" während der Arbeit oder das Abstecken der Einschläge am Buch ist empfehlenswert.

Arbeitsanleitung für den Filz: Filz muß weder versteift noch versäubert werden. Es genügt, wenn Sie die obere und untere Kante mit dem Buch abschließend abschneiden, Sie können es allerdings auch einmal schmal einschlagen und durchsteppen.
Da dieses Material in besonders aparten, leuchtenden Farben zu kaufen ist, und da man seine Schnittkanten nicht umschlagen muß, lassen sich reizvolle und fantasievolle Farbzusammenstellungen machen.
Auf eine Buchhülle zum Beispiel haben wir den Rest gesteppt, der beim Ausschneiden einer Blume für ein Nadelkissen übriggeblieben ist. Dazu wurde eine

Papierschablone verwendet, die aufgesteckt und nachgeschnitten werden kann.
Die andere Buchhülle aus Filz wurde aus zwei Farben genäht und die Ansatznaht von rechts beidseitig schmal durchgesteppt, damit die Nahtzugaben flach liegenbleiben. In Streifenbreite von der Naht entfernt wurde mit der Maschine auf die lila Seite ein grüner, auf die grüne Seite ein lila Streifen genäht.

Die Pinnwand (Abb. 4. Umschlagseite)

Materialverbrauch
Stoff: 60 × 80 cm
Tesakreppband: 2,50 m
eine Styroporplatte: 50 × 70 cm
Nähseide

Eine Pinnwand ist nicht nur Schmuck für die Wand, sie hat auch eine praktische Funktion: man befestigt an ihr wichtige Merkzettel, Rechnungen, Theaterkarten, Einkaufslisten, Souvenirs, kurzum, man benützt sie als mahnendes Gedächtnis. Aber auch hübsche Modefotos, Rezepte zum Ausprobieren oder Annoncen aus der Zeitung von persönlicher Bedeutung hat man durch sie immer vor Augen. Briefmarken, Schere, Schlüssel, Kugelschreiber und andere oft benutzte Dinge sind außerdem griffbereit in ihren Taschen untergebracht.
Eine Pinnwand kann man – je nach Farbe und Ausführung – einem Jungen als Untergrund für Sportidol- oder Filmschauspielerfotos, aber auch einem Manager für sein Büro zum Anheften wichtiger Zettel und Skizzen schenken. Ein junges Mädchen könnte sich genau so darüber freuen wie eine Hausfrau oder eine berufstätige Junggesellin.

Material: Zu ihrer Herstellung besorgen Sie eine dünne Styroporplatte im Format 50 × 70 cm. Ist sie nicht rechtwinklig zugeschnitten, so müssen Sie die Kanten korrigieren lassen oder notfalls selbst mit einer Säge oder einem großen gezahnten Messer begradigen.
Als Bezug empfehlen wir Ihnen festes, etwas derbes Material. Allzu feine Stoffe oder solche, auf denen jeder Einstich Spuren hinterläßt, sind nicht geeignet. Ein oder zwei unifarbene Stoffe sehen am hübschesten aus, sie sollen ja nur Hintergrund für die bunten Farbklekse der angesteckten Papiere und Dinge sein. Gemustertes Material ist daher weniger günstig.

Arbeitsanleitung: Sämtliche Taschen werden oben 3,5 cm breit umgesteckt, innen nochmals eingeschlagen und von Hand oder mit der Maschine gesäumt. Alle anderen Kanten bügelt man schmal um und steppt die Taschen 1–2 mm neben der Kante auf. Wie sie am besten verteilt werden, probieren Sie vorher durch Auflegen aus. An der eckigen Tasche werden außerdem die einzelnen Fächer abgenäht.
Die Schnittkanten des Bezugs schlägt man um die Kanten der Platte und steckt sie auf der Rückseite fest. Der Stoff wird dabei gespannt. Die Ecken nähen Sie von Hand ab, ehe der Stoff mit selbstklebendem Kreppband auf dem Styropor festgeklebt wird. Abdeckband, im Farbengeschäft zu haben, oder Tesakrepp eignen sich am besten. Notfalls läßt sich auch UHU verwenden.

Der Schal

Materialverbrauch
Stoff: Streifen von 35 cm Breite
und insgesamt 1,20 m Länge
Nähseide

Für einfarbige Kleider sind bunte Schals eine dekorative Ergänzung. Gerade einfach geschnittene Modelle erhalten durch buntes Zubehör oft erst die richtige Wirkung. Fertig gekaufte Schals sind aber häufig zu groß für ein Kleid, denn Kleiderschals sollten schmal und nicht zu lang sein, damit ihre Enden nicht zu weit herunterhängen.

Material: Aus zwei, drei, oder auch vier Farben läßt sich auf einfachste Art ein wirkungsvoller Schal nähen, nur müssen alle Stoffarten gleich oder wenigstens so ähnlich sein, daß man den Unterschied nicht bemerkt.
Am schönsten ist natürlich duftige reine Seide wie zum Beispiel Twill; der vielen Nähte wegen sollte sie allerdings nicht durchsichtig sein. Auch Honanseide wirkt gut, steifer als sie darf das Gewebe aber nicht sein. Ebenso ergeben dünne Baumwolle, Kunstfaser- oder sogar leichte Wollgewebe einen vorzüglichen Schal.
Die Streifenaufteilung darf unregelmäßig sein; ist es gut gemacht, sieht das originell aus.

Arbeitsanleitung: Alle Stücke sind 35 cm breit und beliebig lang, sie werden mit normaler Naht zusammengesetzt und sollen insgesamt eine Länge von etwa 1,20 m ergeben. Nach dem Steppen müssen alle Ansatznähte gut ausgebügelt werden. Dann legen Sie den Streifen doppelt rechts auf rechts und schließen die Naht ringsum bis auf einen kleinen Wendeschlitz. Ist der Schal dann durchgezogen und gebügelt, wird die offene Stelle so unsichtbar wie möglich und dicht von Hand zugenäht.

Der Lampenschirm (1. Umschlagseite)

Materialverbrauch'
Stoff: Umfang + 4 cm + Höhe + 6–10 cm
ein Lampenschirmgestell
Nähseide
evtl. Borte als Garnierung
evtl. weißen Baumwollbatist zum Unterlegen

Material: Für einen Lampenschirm können Sie nur lichtdurchlässigen, hellen Stoff verwenden: Lampenschirmseide, dünne Baumwoll- oder Kunstfaserstoffe. Leicht waschbares Material ist günstig, weil gerade Lampen schnell verstauben.
Der Lichtausfall wird noch durch die Länge des Bezugs bestimmt: je größer die untere Öffnung ist, desto heller wird Ihre Lichtquelle.
Das Gestell kaufen Sie fertig in einem Lampen- oder Bastelartikelgeschäft, wo Sie auch alle Teile für den elektrischen Anschluß bekommen.

Arbeitsanleitung: Messen Sie Länge und Breite Ihres Lampenschirmgestells aus und geben Sie für den Umfang 4 cm als Spielraum + Nahtzugabe, für die Länge bei der Kugelform 6 cm, bei der Halbkugelform etwa 10 cm zu.
Schließen Sie den Bezug und umkurbeln Sie die Naht dicht. Sehr durchsichtigen Stoff unterlegen Sie mit weißem Baumwollbatist, den Sie mit obenaufliegender ausgebügelter Nahtzugabe in den zusammengesteppten Bezug heften. So sind die Nähte verdeckt und die Innenseite des Bezugs sauber.

Die Kugel- und Walzenform
hat an ihrem Bezug sowohl oben wie unten einen 2 cm breit abgesteppten Saum, durch den sich ein Band oder ein Gummiband ziehen läßt. Dafür muß selbstverständlich der Saum ein Stückchen offenbleiben.

Die Halbkugelform
wird nur unten herum gesäumt, oben jedoch um die Gestellkante herum breit eingeschlagen. Innen, etwa in Höhe des Ringes für die Fassung, kippen Sie den

Stoff um und ziehen von Hand einen Faden ein, mit dem Sie die Weite des Stoffes zusammenziehen. Die schmalste Stelle des Lampenschirms schmücken Sie mit einem etwa 2 cm breiten verstürzten Band, das den Bezug zusammenhält und dessen Enden zur Schleife gebunden werden.
Bei beiden Formen wird die untere und obere Kante des Bezugs am Gestell mit kleinen und möglichst unsichtbaren Stichen festgenäht.

Der Kaffeewärmer

Bei Kaffeewärmern ist es besonders wichtig, daß sie ein bißchen lustig aussehen, das nimmt ihnen den Eindruck des Altmodischen und Hausbackenen.

Material: Beim Kauf des Stoffes denken Sie bitte daran, daß er nicht zu empfindlich sein soll. Legen Sie Wert darauf, den Kaffeewärmer selbst zu waschen, so nehmen Sie am besten Baumwoll- oder Leinenstoffe, die vor der Verarbeitung überbrüht werden. Dann laufen sie nämlich später nicht mehr ein. Auch Stoffe aus Kunstfasern sind ein geeignetes Material.
Als wärmeisolierende Einlage verwenden Sie nicht zu dünnes Schaumgummi. Ist keine genügend dicke Schicht vorhanden, so kann man auch zwei dünnere zusammennähen. Eine Lage dicke Schulterwatte, wie sie für Schulterpolster verwendet wird und die es in Schneiderbedarfsgeschäften zu kaufen gibt, tut denselben Dienst. Diese Zwischenschicht müssen Sie der Haltbarkeit wegen einige Male mit dem Futter versteppen und dann mit diesem zusammen einarbeiten. Mit Schulterwatte muß Ihr Kaffeewärmer chemisch gereinigt werden, Selbstwaschen ist dann ausgeschlossen.
Baumwolltresse eignet sich besonders zur Garnierung: sie ist leicht zu verarbeiten, da sie sich gut um Rundungen legt, und sie ist dabei ziemlich wirkungsvoll. Zieht man sie sicherheitshalber vor der Verarbeitung kurz durchs Wasser, kann auch bei der Wäsche nichts passieren.

Großer Kaffeewärmer

Materialverbrauch
Stoff, Futter und Schaumgummi: je 40 × 80 cm
Baumwolltresse: 1,50 m
Nähseide

Schneiden Sie den Stoff im angegebenen Format doppelt zu, die Rundungen am besten vierfach übereinanderliegend, damit sie ganz gleichmäßig werden. Denken Sie dabei an die Nahtzugabe von 1 cm und eine Saumzugabe von 2 cm. Das Futter hat die gleiche Form, ist aber ringsum je nach Dicke der Zwischenlage 1–3 cm kleiner.
Oberstoff und Futter steppen Sie dann jedes für sich zusammen, zwicken die Nahtzugaben um die Rundungen herum ein und bügeln die Teile aus. Das Schaumgummi schneiden Sie ganz ohne Zugaben und nähen es von Hand mit Überwendlingstichen zusammen. Stechen Sie dabei ruhig etwas tiefer ein, damit die Kanten nach längerem Gebrauch nicht etwa ausreißen.
Nun schieben Sie alle drei Schichten ineinander – das Futter natürlich mit der linken Seite nach außen – und heften sie etwa 4 cm über der unteren Kante ringsum zusammen. Am Saum schlagen Sie den Stoff um das Schaumgummi herum ein, stechen ihn darauf mit großen Stichen an und nähen danach das eingeschlagene und festgesteckte Futter von Hand gegen den Stoff. Mit ein paar Stichen fixieren Sie außerdem das Futter in der oberen Mitte, damit es an seinem Platz bleibt.
Zum Schluß wird die Tresse von Hand über die Konturnaht genäht, nachdem Sie sie gleichmäßig über die Nahtlinie gesteckt haben. Aus dem Rest des Bandes knoten Sie eine Schleife und nähen sie an der oberen Mitte fest. Ihre Enden werden quer von Hand abgenäht – denn unter der Maschine würde sich Tresse verziehen – und zu einer Spitze gebügelt. Das Band ist auf diese Art haltbar versäubert. Nach Möglichkeit soll das abschließende Bügeln entfallen, denn Schaumgummi verträgt keine große Hitze.

Kleiner Kaffeewärmer mit Seitenteil

Materialverbrauch
Stoff, Futter und Schaumgummi: je 40 × 90 cm
Baumwolltresse: 1,15 m
Nähseide

Auch hier beginnen Sie mit dem Zuschnitt der drei Schichten nach unserem Schema: Der Oberstoff bekommt ringsum 1 cm Nahtzugabe und 2 cm Saumzugabe, das Futter schneiden Sie mit 1/2 cm (bei sehr dicker Zwischenschicht ganz ohne) Nahtzugabe und 1 cm Saum, das Schaumgummi aber ganz ohne Zu-

gaben. Das eingesetzte Seitenteil ist ein gerader Streifen von 8 cm Breite. Seine Länge messen Sie an Ihrem Schnitt aus, sie hängt mit von der Rundung ab.
Setzen Sie sowohl am Oberstoff wie auch am Futter mit normaler Naht Vorder- und Rückenteil an den Seitenstreifen. Beides wird wieder für sich gesteppt, die Nahtzugaben um die Rundung herum eingezwickt und die Nähte dann doppelt nach einer Richtung gebügelt. Damit sie flach liegenbleiben, können Sie sie von rechts direkt neben der Naht schmal durchsteppen. Das Schaumgummi nähen Sie von Hand mit Überwendlingstichen Kante an Kante zusammen.
Ehe alle drei Schichten ineinandergeschoben werden, bügeln Sie die Stoffteile nochmals gut aus. Danach wird der Oberstoff um die untere Schaumgummikante herum eingeschlagen und dort festgestochen. Das Futter säumen Sie eingeschlagen gegen den Oberstoff. Tresse und Schleife nähen Sie abschließend von Hand auf.

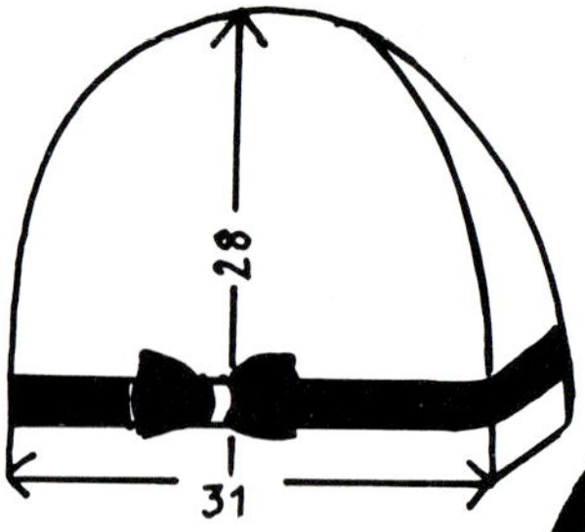

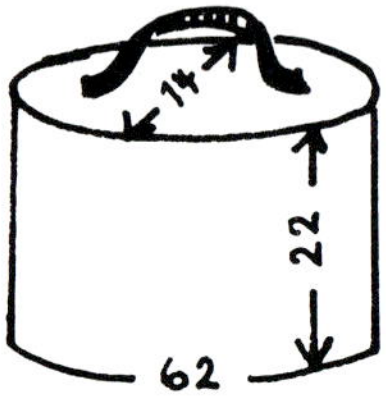

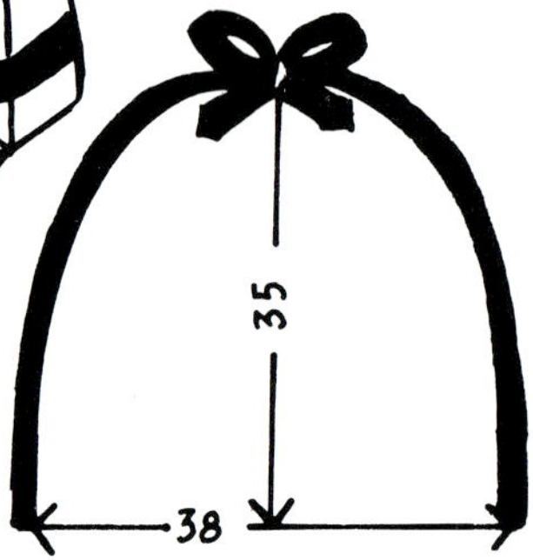

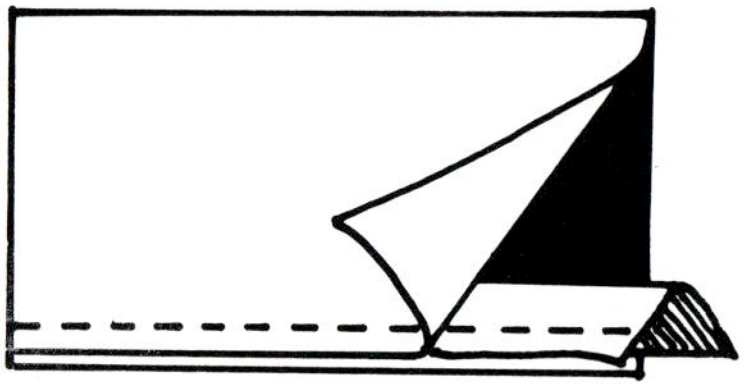

Kleiner Kaffeewärmer mit flachem Oberteil

Materialverbrauch
Oberstoff und Futter und Schaumgummi: je 25 × 90 cm
Baumwolltresse: 1 m, Nähseide

Für diese kleine und sehr praktische Form schneiden Sie den Oberstoff nach den angegebenen Maßen, das Schaumgummi etwas kleiner und das Futter noch kleiner zu. Wie groß der Unterschied zwischen den drei Schichten ist, hängt von der Stärke der Zwischenlage ab: Je dicker sie ist, desto kleiner muß das Futter sein.
Oberstoff und Futter werden jedes für sich gesteppt, das Schaumgummi nähen Sie von Hand mit aneinanderstoßenden Kanten zusammen. Am Oberstoff legen Sie ein Baumwollschrägband zwischen die Nähte: es wird doppelt, mit dem Bruch stoffeinwärts liegend, auf den einfachen Stoff aufgesteppt. Erst dann legt man die Gegenseite darunter und näht in derselben Linie nochmals durch, um die Naht zu schließen.
Damit die drei Schichten des Kaffeewärmers sich nicht verschieben können, werden sowohl Stoff als auch Futter entlang der oberen runden Naht von innen auf dem Schaumgummi festgenäht, nachdem die Stoffteile gut ausgebügelt, die Naht um die Rundungen herum an den Zugaben eingezwickt wurde. Entlang der unteren Kante schlagen Sie den Oberstoff um die Zwischenlage herum ein, stechen die Kante dort fest und säumen das Futter eingeschlagen darüber.
Ganz zum Schluß wird von Hand der Griff aufgenäht, den Sie aus doppeltem Schrägband oder aus dem Stoff des Bezuges genäht haben. In beiden Fällen muß er eine steife Vlieseline-Einlage bekommen, damit er lustig hochsteht und leicht zu greifen ist.

Der Wäschesack

Materialverbrauch
Stoff: insgesamt 150 × 90 cm (je 75 × 90 cm)
Durchzugsband, Nähseide

In Kleinstwohnungen ist die Unterbringung von Schmutzwäsche ein Problem, denn ein Wäschepuff ist überall im Weg. Mit einem Wäschesack ist die Frage leicht gelöst: man kann ihn überall unterbringen – sogar an die Türe im Bad hängen –, und er ist waschbar. Dazu ist er schnell genäht und eignet sich als Geschenk sowohl für Damen wie auch für alleinstehende Herren. Auch als Aufbewahrungsort für Stoffreste ist ein Wäschesack willkommen.

Material: Bei unserem Beispiel wurde Frotté verwendet, Sie können aber auch jeden anderen waschbaren Stoff dazu verarbeiten. Man näht den ganzen Wäschesack aus einem Material, wenn dieses gemustert ist.

Arbeitsanleitung: Schneiden Sie aus einer doppelten Schicht Stoff – 75 × 90 cm – einen Kreis von 75 cm Durchmesser und aus der Mitte des einen Stückes nochmals einen kleinen Kreis aus – mit einem Durchmesser von etwa 24 cm –, dessen Kante Sie mit einem 3,5 cm breiten Schrägstreifen aus den Abfällen versäubern. Für diesen Streifen müssen Sie mehrere Stücke aneinandersetzen, dann von rechts ansteppen, die Gegenkante durch Bügeln etwas ausdehnen, umschlagen und ebenfalls schmal ansteppen. An zwei gegenüberliegenden Stellen bleiben dabei kleine Schlitze offen, von hier aus werden später zwei feste Bänder durchgezogen, an denen der Wäschesack aufgehängt wird.
Damit man ihn nicht jedesmal abnehmen und öffnen muß, arbeiten wir zusätzlich einen 15 cm langen Schlitz als Eingriff ein: Markieren Sie ihn mit Heftfaden und legen Sie einen Streifen Stoff von 20 cm Länge und 8 cm Breite rechts auf rechts auf die Markierungslinie. Achten Sie darauf, daß sie genau in der Mitte darunter liegt.
Nun steppen Sie auf der Unterseite nahtbreit um die Markierungslinie herum – die Schmalseiten sind dabei etwa 1,5 cm breit –, schneiden den Schlitz ein und zwicken dabei schräg in die Ecken bis an die Steppstiche. Dann ziehen Sie den Fleck durch, schlagen ihn ringsum nahtbreit um und steppen seine Kanten fest. Auch um den Schlitz herum wird die Kante schmal abgesteppt.
Das aus der oberen Hälfte des Wäschesacks ausgeschnittene Kreisstück wird auf die Mitte des unteren Teils genäht, wenn Sie zwei verschiedenfarbige Stoffe verwendet haben. Bei einem Wäschesack aus nur einem Stoff ist das nicht nötig. Hier kann man stattdessen eine Quaste annähen oder eine Schleife aus Baumwolltresse, die man auch für die Garnierung der Naht und als Durchzugsband verwenden kann. Beide Kreisstücke stecken Sie nun rechts auf rechts liegend zusammen und nähen die Naht mit der Maschine. Sie wird dicht umkurbelt, damit keine Fädchen, die beim Waschen abfärben, auf die Wäsche geraten.

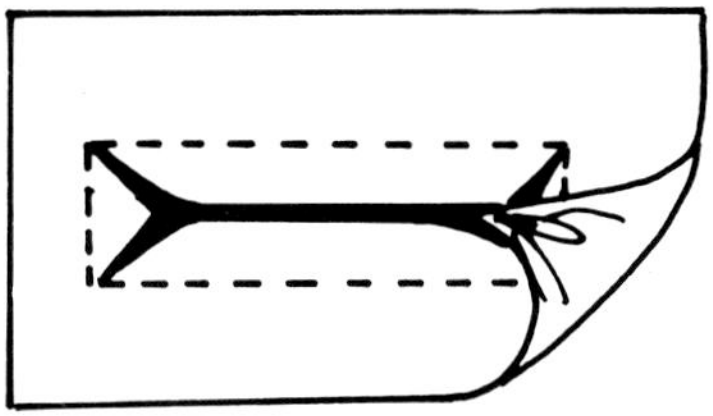

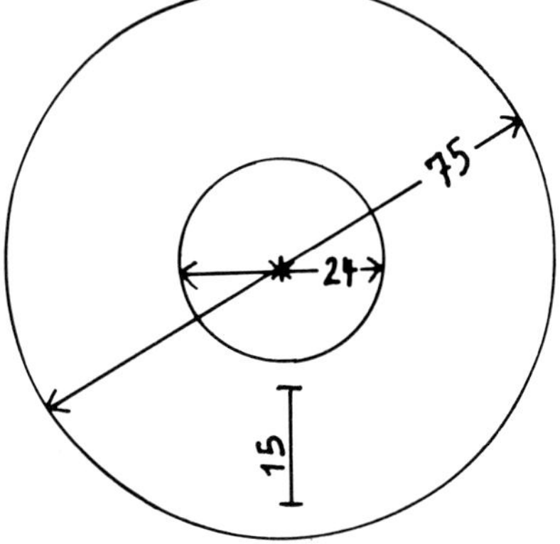

Das Deckchen für den Brotkorb oder ein Tischset (Abb. 2. Umschlagseite)

Materialverbrauch
als Tischset: 50 × 40 cm Stoff, 1,20 m Borte
als Deckchen: 40 × 30 cm Stoff, 90 cm Borte
oder 35 × 25 cm Stoff, 85 cm Borte
Nähseide

Wer Deckchen mag – für den Brotkorb, als Untersetzer, zur Dekoration oder als Tischset –, kann sie schnell selbst nähen. Sie sind kinderleicht und daher auch von Anfängern gut zu arbeiten.

Material: Es kommen nur gut waschbare Stoffe in Frage, die außerdem ein bißchen steif sind. Am besten eignen sich Gminder Linnen oder festeres Material aus Baumwolle oder Kunstfaser. Gemusterte Stoffe können Sie nur dann verwenden, wenn sie auf beiden Seiten hübsch sind, denn die Unterseite wird bei unserer Verarbeitungsform nach oben umgeschlagen.

Arbeitsanleitung: Nach dem Zuschnitt messen Sie ringsum 3–3,5 cm von den Schnittkanten aus stoffeinwärts und ziehen mit Kreide und Lineal vier Linien.
In dieser Breite stecken Sie den Stoff wie einen Saum um. Die Ecken werden schräg auf die Spitzen zu abgesteckt und mit Nahtzugabe abgeschnitten, die Naht muß dabei ganz flach auf dem Stoff aufliegen. Dann nähen Sie die Ecken mit der Maschine, bügeln die Nähtchen aus und schneiden die Nahtzugabe nochmals ganz knapp.
Danach wenden Sie den Saum ringsum und ziehen dabei die Spitzen der Ecken vorsichtig mit einer Nadel heraus. Über die offenen Schnittkanten nähen Sie abschließend mit der Maschine eine bunte Borte, die an den Ecken nur im rechten Winkel abgeknickt, nicht abgeschnitten wird. Anfänger nähen die Ecken von Hand fest, ehe sie die Borte aufheften und ansteppen.
Das fertige Deckchen wird abschließend von beiden Seiten feucht gebügelt.

Das Sitzkissen

Materialverbrauch
Stoff: 80 × 40 cm
Schaumgummi: 40 × 40 cm, 2–5 cm dick
Baumwolltresse: 1,25 m
Nähseide

Über ein Sitzkissen freut sich das junge Mädchen genauso wie Opa und Oma. Man kann es für den Bürostuhl, für einen Gartenstuhl, für einen Küchenhocker oder sogar für die Parkbank nähen.

Material: Bunte Baumwoll-, Leinen- oder Kunstfaserstoffe in etwas gedämpfteren Farben sollten Sie dafür verwenden. Allzu helle Töne würden nämlich zu schnell schmutzig werden. Für die Einlage nimmt man Schaumgummi, das zwischen 2 und 5 cm stark sein darf, und das notfalls auch aus zwei dünneren Schichten bestehen kann.

Arbeitsanleitung: Mit Hilfe eines runden Gegenstandes – etwa einer Schüssel – zeichnen Sie die Größe des Kissens mit einem Filzschreiber auf der Schaumgummiplatte an. Beim Zuschnitt des Stoffes ist zu beachten: je dicker das Schaumgummi, desto größer muß natürlich auch der Bezug sein. Rechnen Sie deshalb zum Umfang des Kissens die halbe Kissenhöhe plus Nahtzugabe. Beispiel: Ihr Kissen ist 5 cm hoch. Sie legen die Schaumgummischeibe auf den doppelten Stoff und geben ringsum 2,5 cm für die Höhe und 1 cm für die Naht – also insgesamt 3,5 cm – zu. Nahtbreit von der Schnittkante entfernt steppen Sie Baumwolltresse auf die Oberseite einer Stoffschicht. Erst dann stecken Sie beide Kreise aufeinander und nähen sie etwas außerhalb der äußeren Aufstepplinie der Tresse zusammen. Die Nahtzugabe wird bis zur Steppnaht hin eingezwickt, damit sie sich besser der Rundung anpaßt. Ein etwa 15 cm langer Schlitz bleibt offen, durch ihn wenden Sie den Bezug und schieben nach dem Bügeln das Schaumgummi ein. Die Öffnung wird zum Schluß entlang der Tresse von Hand mit möglichst unsichtbaren Stichen zugenäht.

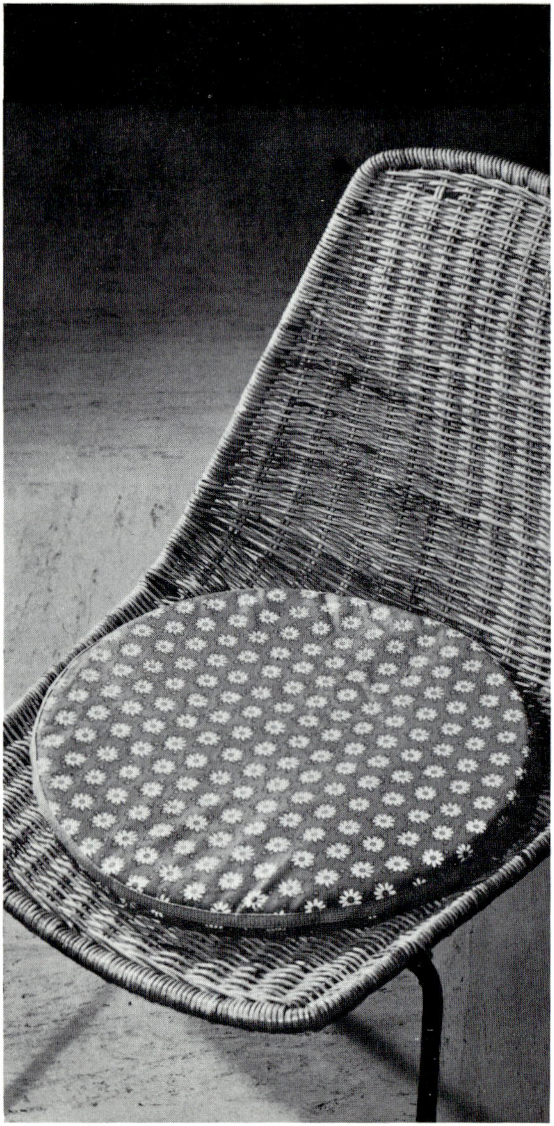